AF316328

SOCIÉTÉ DE L'ÉCOLE DES CHARTES

CINQUANTIÈME ANNIVERSAIRE

DE SA FONDATION

BANQUET DU 13 JUIN 1889

PARIS

1889

CINQUANTIÈME ANNIVERSAIRE

DE SA FONDATION

BANQUET DU 13 JUIN 1889

PARIS

1889

SOCIÉTÉ DE L'ÉCOLE DES CHARTES

CINQUANTIÈME ANNIVERSAIRE

DE SA FONDATION

BANQUET DU 13 JUIN 1889

La Société de l'École des chartes a célébré dans son banquet annuel, le 13 juin 1889, le cinquantième anniversaire de sa fondation (24 mars 1839) et la publication du cinquantième volume de son recueil, la *Bibliothèque de l'École des chartes*.

La Société avait cru ne pouvoir mieux conserver le souvenir d'une date aussi mémorable pour elle qu'en offrant un témoignage de sympathie et de reconnaissance à celui de ses membres qui a porté le plus haut l'honneur de son nom, dont les travaux ont prouvé avec le plus d'éclat la valeur de ses méthodes, et qui, en même temps, comme président de sa commission de publication, n'a cessé, depuis de longues années, de consacrer à la *Bibliothèque de l'École des chartes* une si large part d'un temps précieux pour la science et d'une sollicitude réclamée par tant et de si graves objets. C'est dans cette pensée qu'elle avait demandé à un des maîtres de la gravure en médailles, M. Roty, de fixer, de sa main si habile et si sûre, les traits de M. Léopold Delisle.

A la fin du banquet, auquel les anciens élèves de l'École des chartes s'étaient rendus en grand nombre, le président, M. Paul Viollet, a pris la parole en ces termes :

« Mes chers confrères,

« Il y a cinquante ans, quelques jeunes gens, quelques élèves de l'École des chartes eurent une idée, une de ces idées qui sont trop rares en France. L'École, depuis une dizaine d'années, attendait de l'État la réalisation d'un projet de publication scientifique, projet bien des fois revisé, bien des fois remanié. L'État, personnage lourd de sa nature, se hâtait lentement : le projet restait, comme on dit, en l'air. Nos anciens en étaient navrés ; ils avaient, d'ailleurs, d'autres sujets de se plaindre. Un jour donc, ils eurent, je le répète, une idée ; oh ! elle fut bien simple, cette idée. Ils se dirent : faisons-la donc de nous-mêmes, faisons-la, à nos risques et périls, à notre manière aussi et à notre façon, une façon très indépendante et très libre, cette publication attendue. On se groupa, on se cotisa et la *Bibliothèque de l'École des chartes* parut, organe de la *Société de l'École des chartes*.

« C'était là un coup de maître : on faisait œuvre scientifique en même temps qu'œuvre pratique; on fondait une revue historique qui, le jour même de son apparition, occupa ce rang élevé où elle s'est, depuis lors, affermie ; on groupait en un solide faisceau tous ces confrères sortis de la même école, animés du même esprit scientifique et rapprochés aussi par des intérêts communs, par des carrières analogues, carrières ingrates et souvent bien pénibles (elles seraient intolérables sans un peu d'appui, un peu d'aide et de secours fraternels).

« L'État vit d'un œil bienveillant cette Société nouvelle qui, d'elle-même, réalisait ses vues; il souscrivit dès le premier jour à nos publications et nous continua depuis lors cette précieuse adhésion.

« Ils n'étaient pas nombreux, les premiers fondateurs. Vous m'en demandez les noms. Le 21 mars 1839, Lacabane, Le Roux de Lincy, Douët d'Arcq, Delpit, Marchegay, Paillard de Saint-Aiglan, après s'être concertés, le 19, chez Le Roux de Lincy, invitaient « les anciens et « nouveaux élèves pensionnaires de l'École royale des chartes à se réunir, le dimanche 24 mars, à midi précis, » chez le même Le Roux de Lincy, rue de Verneuil, n° 51. C'est là, c'est chez Le Roux de Lincy que furent élaborés les statuts de notre Société; c'est là qu'elle prit naissance. Dès la première année, elle comptait au nombre de ses membres, sans parler du comité d'initiative que je viens de nommer : Lenoble, Capefigue, Faudet, Burnouf, Guérard, Le Vaillant de Florival, Rolle, Teulet, de Montrond, Schneider, David, Douët d'Arcq, de Stadler, Quicherat, Fr. Wey, Bernhard, Géraud, de Fréville, Marchegay, Clairefond, Eysenbach, Saint-Bris, Bourquelot, Bataillard, de Vaulchier, Bordier, Laget, Floquet, de Pétigny, Chelle, Rédet, Guessard, Vallet de Viriville, de Certain, de Mas Latrie [1].

« Nous gardons le souvenir fidèle de ceux que le temps a fauchés; quant aux aînés qui nous restent et longtemps nous resteront, Bataillard, David, Mas Latrie, Paillard de Saint-Aiglan, vous voudrez que

---

1. MM. Boca, Borel, Leglay appartenaient à ce premier groupe; depuis lors ils ont cessé de faire partie de la Société.

leurs noms soient aujourd'hui à l'honneur, car ils furent, il y a cinquante ans, à la peine !

« Nos débuts furent modestes. Un de nos anciens nous contait naguère
ici même les travaux de la première heure, le charme et la simplicité
des séances, des conférences de rédaction dans l'ancienne salle du
département des manuscrits, à la Bibliothèque, les causeries et les déli-
bérations autour d'un certain vieux poêle dont l'image s'est fixée dans
tous les souvenirs, les livraisons du recueil mises sous bandes, les
bandes collées par les rédacteurs eux-mêmes, et puis, lorsque le numéro
avait été enfin lancé, le dîner réconfortant au restaurant du *Bœuf à la
mode*, près de la Bibliothèque.

« C'était l'âge héroïque ; c'était aussi l'âge des difficultés, des efforts
et des luttes. Toute grande fondation est à ce prix.

« Les résultats, vous les connaissez. Si j'essayais aujourd'hui de
mesurer l'espace parcouru depuis 1839, si j'essayais de marquer les
progrès réalisés dans l'ordre de nos études, et la part que vous y avez
prise, c'est un mémoire, c'est un livre dont je vous donnerais lecture ;
ce n'est pas un toast que je porterais.

« En 1829, le vieux Dacier, secrétaire perpétuel de l'Académie des
inscriptions, apprenant le projet de réorganisation de l'École des chartes,
écrivait à M. Rives : « Vous me remettez en présence de mes amis et
« maîtres, les Foncemagne, les Bréquigny et les savants de la congré-
« gation de Saint-Maur ; c'est pour moi comme une résurrection.
« J'étais parfois forcé de croire que celle des anciennes études françaises
« était impossible : votre projet d'ordonnance... me montre que je me
« suis trompé. » Cette résurrection des anciennes études françaises,
entrevue par Dacier, et dont l'École des chartes devait être, à ses yeux,
l'instrument, elle est aujourd'hui consommée. La part que l'École et
que la Société de l'École des chartes ont prise à ce magnifique réveil,
vous la savez, mes chers confrères. Chacun se réclame aujourd'hui de
nos procédés et de nos méthodes, parce que chacun sent que l'histoire,
sans ces procédés et sans ces méthodes, ne serait qu'un vain nom, une
apparence sans réalité. Tout le monde a compris que l'histoire est dans
les textes et non pas dans l'imagination de l'historien : tout le monde
a compris que pour interroger les vieux documents il faut les pouvoir
lire, et même les comprendre ; qu'il faut aussi en pouvoir juger la
valeur ; qu'il faut en pouvoir critiquer l'authenticité. On a senti que
l'histoire de la langue est une partie de l'histoire nationale, l'histoire
du droit une très grande partie du droit.

« La paléographie, la diplomatique, la philologie ont de proche en
proche recruté des adeptes, des fidèles. L'École a servi de pépinière.
Grâce à elle, la diplomatique et la paléographie ont fait en ces dernières
années leur apparition dans plusieurs facultés des lettres, à la faculté
de droit de Paris, à l'École normale. Dans ces établissements, un des

nôtres donne à quelques élèves des notions sommaires de paléographie et de ʋiplomatique. C'est là comme un avertissement, comme un coup de cloche pour ceux qui ont des oreilles : le jeune homme qui veut se tourner définitivement du côté de l'histoire saura maintenant de quel côté diriger ses pas.

« La philologie française, confinée autrefois dans l'étroit espace réservé au cours de Guessard, s'est élancée hors de cette petite salle et s'est imposée au public lettré, plus jeune et plus forte à mesure que le siècle vieillit. Elle était prisonnière. Elle dicte ses lois.

« Dans l'Europe entière, la science des Maʋillon, des Tassin, des Toustain, des de Wailly a eu aussi sa renaissance, et nous n'y sommes point restés étrangers. Bien avant que des cours de paléographie fussent organisés en Italie, cette terre classique de toutes les nobles études, Vienne faisait prendre à Paris sur notre organisation et nos méthodes les renseignements les plus complets, et créait près de son Université cet *Institut historique* dirigé aujourd'hui par un diplomatiste éminent, qui suivit jadis les cours de l'École des chartes. A Madrid, une école diplomatique a été créée sur le modèle de notre École. Tout récemment encore, le gouvernement russe se renseignait pour la seconde fois sur l'École des chartes et sur son organisation, dans la pensée de créer des cours ou des conférences de paléographie et de diplomatique près des archives de la justice à Moscou. L'étranger fait mieux que de prendre des renseignements. Il nous envoie des élèves qui, après avoir suivi les cours de l'École, dirigent ensuite avec succès dans leur pays des dépôts d'archives ou des bibliothèques.

« Nous avons donné, par nos travaux professionnels, un grand exemple. Parallèlement à la *Bibliothèque de l'École des chartes*, nos confrères mènent à bien cette œuvre immense et féconde qui s'appelle l'*Inventaire-sommaire des archives départementales*. Il n'existe, au dehors, rien de comparable.

« Si l'École des chartes a largement contribué en ce siècle à la renaissance et au progrès des études historiques, elle a donné aussi un rare exemple de vitalité organique et constitutionnelle. Une racine unique, puisant dans une terre féconde une sève toujours renouvelée, peut nourrir plusieurs jets vigoureux : l'École des chartes, la Société de l'École des chartes, la Société de secours, voilà trois tiges vivaces pour une seule et même racine. Elles sont vieilles parmi nous, elles ont leurs traditions et leur histoire, ces associations que d'autres Écoles voient naître seulement. Associations fécondes ! Elles contribuent à fortifier chez nous deux sentiments qui rapprochent nos âmes et nos intelligences. Je veux parler, en première ligne, de l'amitié qui nous unit. Quand on s'est connu à l'École, on ne s'oublie plus ; et, quand on a connu l'École, on se sent attiré vers les jeunes qui vous y ont succédé. Nous formons une union ouverte qui chaque jour s'étend à des générations nouvelles.

Je veux parler aussi d'une confraternité plus haute, d'une confraternité intellectuelle. A quelque croyance religieuse, à quelque opinion philosophique, à quelque opinion politique que nous appartenions, nous contractons, à l'École des chartes, un amour profond, j'allais dire un amour implacable pour la vérité : nous nous dévouons à elle. Elle est le lien de nos intelligences et ce lien est indestructible. Notre congrégation laïque ne prononce pas les trois vœux que prononçaient les Bénédictins (celui de pauvreté serait, la plupart du temps, superflu; ce serait un objet de luxe dans nos carrières); elle y a substitué un vœu unique, le vœu de vérité, de sincérité.

« On ne s'y trompe pas autour de nous et l'on sait qui nous sommes. De tout temps, nous avons compté des amis, des défenseurs que la politique pouvait diviser, que l'École des chartes rapprochait. Taillandier, de Lasteyrie, Martial Delpit, Pelletan, Wallon, Passy, Audren de Kerdrel, Jules Simon, Lefèvre-Pontalis, de Rozière, voilà parmi nos amis d'autrefois, parmi nos amis d'aujourd'hui, quelques noms qui nous sont, qui nous resteront particulièrement chers.

« Mais il est temps de finir ce premier et trop long discours. Je porte ce toast :

« A nos anciens, à tous ceux qui nous ont ouvert la voie!

« Voilà pour le passé. Quant à l'avenir, il est ici avec nos jeunes confrères : ils resteront unis, ils continueront nos traditions; ils développeront et perfectionneront notre œuvre. Ils célébreront :

« LE CENTENAIRE DE NOTRE SOCIÉTÉ.

« Mes chers confrères,

« J'ai un autre toast à vous proposer et c'est pour le porter ensemble qu'ici nous sommes tous réunis.

« La Société dont nous fêtons le cinquantenaire n'a pas toujours marché d'un pas également sûr : elle a eu, comme toute institution humaine, ses moments difficiles. Cette courte crise, nous la traversions en 1848-1851 : nous avions de neuf à treize ans; c'est l'âge souvent critique de la croissance. En ce temps, nos anciens ne s'entendaient pas bien entre eux sur toutes les questions à l'ordre du jour et la marche de la Société se trouvait entravée. Cependant sur un point, ils étaient parfaitement d'accord : ils voulaient le bien de notre œuvre : ils souhaitaient ardemment son succès. Dans cette situation, nos confrères se dirent : confions la direction de la *Bibliothèque de l'École des chartes* à ceux qui sont étrangers aux dissentiments qui nous divisent; confions-la aux jeunes. Ils feront la paix parmi nous; ils assureront l'avenir. C'était là un propos sérieux et vraiment pratique, parce qu'en parlant ainsi, on songeait entre autres à un jeune confrère dont le tact, la sagesse et la maturité précoces, la bonté obligeante et serviable, inspiraient à tous la sympathie, la confiance : il était sorti depuis peu de l'École; mais déjà il était classé au rang des maîtres ; il venait de faire paraître ce beau livre que connaît aujourd'hui le monde savant tout entier, ces *Études sur la condition de la classe agricole en Normandie*, monument qui devait être suivi de tant d'autres monuments, toujours aussi solides, toujours aussi rigoureusement scientifiques, d'un style sobre et simple.

« A ce Nestor de vingt-six ans, la Société adjoignit quelques jeunes sages, un Tardif, un Léon de Bastard, un Marty-Laveaux, un Montaiglon. A partir de ce moment, le navire vogua sans avarie sur une mer toujours calme ; les vents se firent dociles. Le pilote tranquille semblait dire aux passagers qu'il n'y a point sur mer de passes difficiles, de ciels orageux. Ce pilote, nous l'appelons, nous autres navigateurs en chambre, le *Président du Comité de publication* et nous l'élisons, comme vous savez, chaque année. Chaque année depuis bientôt quarante ans, nous confions à Léopold Delisle le gouvernement de la *Bibliothèque de l'École des chartes*. Il est le centre et comme l'âme de notre Société. A un autre titre encore, il nous appartient ; car il veille au développement, au perfectionnement et aux progrès de notre chère École, chaque jour plus prospère entre les mains de son vaillant directeur, entre les mains du successeur des Letronne, des Guérard, des Lacabane et des Quicherat ; président du *Conseil de perfectionnement*, Delisle porte dignement l'héritage de Pardessus et de Natalis de Wailly. A tous ces titres, il est le dépositaire de nos traditions : il est devenu notre tradition vivante !

« Nous avons voulu reconnaître tout ce que notre École et notre Société, sa fille aînée, doivent à ce dévouement, à ce zèle infatigable et persévérant, à ce grand sens pratique, à cette science aussi éclairée que prudente qui caractérisent Léopold Delisle. Dans cette pensée, nous avons prié M. Roty, l'éminent artiste, de modeler un médaillon commémoratif qui perpétuera le souvenir de ce cinquantenaire. Nous remercions ici M. Roty, aujourd'hui notre hôte, qui a su reproduire, avec une parfaite vérité, les traits de Léopold Delisle, de ce confrère qui nous est cher à tous.

« Cher maître, j'ai été chargé de vous le remettre, ce médaillon, que vous offre aujourd'hui la Société de l'École des chartes. Permettez-moi de vous donner au nom de tous l'accolade fraternelle.

« Notre toast est inscrit sur ce médaillon :

« A Léopold Delisle, l'École des chartes ! »

M. Ant. Héron de Villefosse, président sortant, a pris ensuite la parole :

« Mes chers confrères, mes chers camarades,

« Je serais bien ingrat si je ne vous remerciais pas de l'honneur que vous m'avez fait, l'an dernier, en me nommant Président. Je m'y attendais d'autant moins que j'étais presque un transfuge de l'École des chartes et que, après avoir obtenu le diplôme d'archiviste, j'avais abandonné le moyen âge. Mais vous avez compris que cet abandon était involontaire; vous avez deviné que, malgré les circonstances qui m'avaient détourné de mes premiers travaux, j'étais resté attaché du plus profond de mon cœur à notre chère École et qu'elle n'avait pas de plus fidèle serviteur que moi. Je vous en remercie.

« A cet honneur est venu se joindre un bonheur également inespéré. C'est sous mon proconsulat qu'a été décidée l'exécution de la médaille offerte tout à l'heure par le Président à notre cher ma″.a, M. Léopold Delisle. Oui, j'ai éprouvé un véritable bonheur en voyant avec quel élan, avec quelle sympathie vive et respectueuse, avec quelle chaleur de cœur tous nos confrères avaient accueilli cette pensée de reconnaissance et d'affection. C'est que tous se rappelaient les services éminents rendus par M. L. Delisle, pendant près d'un demi-siècle, à la cause de l'histoire du moyen âge, le dévouement qu'il prodigue depuis plus de quarante ans à notre recueil et à nos travaux, la bonté avec laquelle il a encouragé et soutenu chacun d'entre nous. Une pensée cependant dominait les autres : nous savions que M. Léopold Delisle venait de remporter une éclatante victoire. Il venait, au prix de mille efforts, avec une persévérance admirable, de reconquérir pour son pays et de faire rentrer dans le grand dépôt scientifique dont il a la garde une série de documents d'un prix inestimable et des manuscrits du plus haut intérêt passés en des mains étrangères. Il est doux de penser qu'il y a encore des champs de bataille sur lesquels certains Français savent rester invincibles ! Il est doux surtout de constater que nous avons un général victorieux au milieu de nous, qu'il est notre chef et notre guide. Nous voulons le suivre et marcher constamment à ses côtés. Aussi nous n'avons rien à redouter pour l'avenir et vous me permettrez, j'en suis certain, de répéter avec vous le vers du vieux poète :

Nil desperandum Teucro duce et auspice Teucro !

« Vous me permettrez aussi de remercier d'une façon très particulière l'artiste éminent qui a voulu s'associer à notre manifestation de famille en nous prêtant le concours de son talent si fin, si délicat, si distingué. Vous avez admiré ce nouveau chef-d'œuvre qui vient s'ajouter à tant d'autres, mais qui nous paraît le plus précieux, puisqu'il fixe à jamais et qu'il immortalise les traits de celui que nous voulons honorer aujourd'hui. Merci, mon cher Roty, merci au nom de tous ! vous avez fait une œuvre charmante et vous nous avez fait à tous un plaisir inexprimable ! Nous levons nos verres en votre honneur et nous unissons votre nom à celui de votre modèle.

« Nous nous réjouissons aujourd'hui d'être arrivés au port après une traversée de cinquante années. Que de dangers ont entouré notre chère

Société pendant ce demi-siècle ! Elle a subi de nombreux assauts ; elle a vu se dresser devant elle bien des difficultés, mais elle est sortie triomphante de toutes les épreuves. A l'heure du péril, comme on vous le disait il n'y a qu'un instant, il s'est toujours trouvé des hommes de cœur et de dévouement pour la défendre et pour la sauver. Parmi les avocats qui ont plaidé sa cause avec autant de bonheur que de talent, il en est un que je voudrais citer avant tous les autres, si son nom n'était pas déjà sur vos lèvres. C'est un des doyens de notre École ; c'est aussi l'un des doyens de nos assemblées parlementaires où, depuis quarante ans, sa parole vibrante et chaude sait se faire écouter avec l'autorité que donnent des convictions solides unies à la véritable éloquence. Il est ici, notre cher et constant défenseur ; il est assis à mon côté. Vous voudrez porter avec moi la santé d'Audren de Kerdrel ! »

M. Léopold Delisle a répondu :

« Mes chers confrères et amis,

« Je suis profondément ému du témoignage éclatant d'affection que vous me donnez en ce jour. En m'associant d'une façon si intime et si solennelle à la célébration du cinquantième anniversaire de la fondation de la Société de l'École des chartes, vous me traitez avec un honneur qui me rend confus, et qui sera, je le dis sans hésitation, le plus glorieux souvenir de ma vie. Mais, en bonne justice, je ne saurais accepter cet honneur, sans en reporter la meilleure part sur nos premiers maîtres, sur eux qui, malgré la pénurie de ressources matérielles, ont tracé la voie à leurs élèves et à leurs successeurs, ont fondé un enseignement qui devait prendre un si rapide et si brillant essor, ont créé ou propagé les méthodes qui nous guident dans la recherche et la démonstration de la vérité historique, ont, en un mot, préparé à l'École un avenir que les plus optimistes n'auraient jamais pu rêver avant 1847, alors que Benjamin Guérard nous apprenait à lire, sur quatre mauvais cahiers de fac-similés, dans le grenier de la Bibliothèque royale, « où, » comme l'a dit si pittoresquement l'un de nos anciens, « les sièges n'étaient pas « aussi nombreux que les auditeurs, où l'on étouffait de chaleur en été, « où l'on grelottait de froid en hiver. » Pourrions-nous sans ingratitude oublier ce temps héroïque, que peu d'entre vous ont connu, mais auquel se rattachent la plupart des excellents professeurs que la nouvelle école a vus et voit encore à l'œuvre, et notamment celui dont la suprématie fut longtemps universellement reconnue et dont la mort prématurée nous a privés d'un chef aussi aimé qu'admiré ? Notre président a éloquemment réveillé ces souvenirs, et vous avez applaudi aux accents qu'il a trouvés pour évoquer un passé dont notre Société a le droit d'être fière et dont les cinquante volumes de notre *Bibliothèque* resteront un monument impérissable. Laissez-moi cependant, mon cher Viollet, vous adresser une critique dont vous ne méconnaîtrez pas la justesse, vous qui mettez tant de finesse à analyser les origines et les développements des institutions. Par un excès de bienveillance, dont vous n'êtes pas seul coupable ici, vous vous êtes mépris sur la part qui revient dans notre fortune au président actuel de notre Comité de publication. Quand la Société, en 1852, daigna l'appeler, avec deux de ses camarades de promotion, à diriger notre recueil, la tâche était singulièrement facile. Nous n'avions qu'à suivre l'exemple de nos devanciers. Le champ était défriché et les limites en étaient fixées; les outils étaient forgés; les ouvriers de la première heure nous faisaient profiter de leur expérience, et des recrues nouvelles rivalisaient d'ardeur à nous apporter le fruit de leurs explorations dans ces centaines d'archives et de bibliothèques dont beaucoup s'entr'ouvraient pour la première fois, après un demi-siècle d'oubli et de profanation.

« C'est à ces vaillants collaborateurs, c'est aux maîtres dont l'enseignement fut toujours si fécond, c'est aux disciples dont le zèle ne se ralentit jamais, que notre Société doit sa force et ses succès. Je suis fier d'avoir à proclamer de tels services; mais, quand je pense à tant de modestes dévouements, je me sens encore plus confus de l'insigne honneur que vous venez de me conférer.

« Grande était la dette que j'avais contractée de longue date envers l'École et la Société de l'École des chartes. Mais vous l'avez tellement accrue en ce jour que jamais je ne pourrai l'acquitter. Mon embarras est donc extrême, et, tout ce que je puis faire en ce moment, c'est de vous remercier du plus profond du cœur, de vous remercier tous, les absents comme les présents, en vous priant, chers amis, de nous unir tous pour porter un toast à l'avenir de la Société de l'École des chartes. Puisse cet avenir être encore plus heureux que le passé! Puissent beaucoup d'entre vous se trouver rassemblés en 1939 pour célébrer le centenaire de notre association avec la cordialité dont leurs aînés donnent aujourd'hui l'exemple! »

Plusieurs autres toasts ont été portés, au applaudissements chaleureux de tous nos confrères, par MM. Audren de Kerdrel, sénateur, Léon Gautier et Louis Passy, député. M. Rocquain, président de la Société de secours de l'École des chartes, a rappelé en termes émus les services rendus par cette association fraternelle :

« Messieurs et chers confrères,

« Le savant éminent et modeste qui est le héros de cette fête fraternelle ne m'en voudra pas, j'en suis sûr, si je parais suspendre un moment les témoignages de sympathie si méritée dont il se voit l'objet. Je voudrais vous parler de notre Société de secours. Certes, si une société de ce genre a son utilité, c'est bien parmi nous; car, vous le savez, l'érudition n'enrichit guère ceux qui lui restent fidèles. Ne nous en plaignons pas trop; dans la science comme dans la littérature et dans l'art, l'une des conditions des travaux qu'un vrai mérite distingue, c'est que l'œuvre soit d'abord à elle-même son but et sa récompense. Néanmoins, si désintéressé que l'on soit, encore faut-il pouvoir subvenir à de premières nécessités. Nous avons connu quelques-uns de nos jeunes confrères qui, appelés à diriger des archives départementales, ne pouvaient, faute de ressources, se rendre à leur poste. Nous en avons connu d'autres que la maladie avait contraints de renoncer à leurs fonctions; d'autres encore qui, tombés à la moitié de leur carrière, laissaient une femme, une mère sans moyens de subsistance. Grâce à vos cotisations annuelles, grâce à vos autres libéralités dont tout récemment encore nous avons vu les effets, votre Société de secours a pu, dans une certaine mesure, apporter un allégement à ces diverses infortunes. Si modiques que soient les ressources dont elle dispose, voulez-vous savoir ce que, depuis sa fondation, elle a distribué? Une somme d'environ onze mille francs. Je tiens ce chiffre de notre sympathique et zélé trésorier, M. Anatole de Barthélemy. Puisque je parle de l'origine de notre Société, laissez-moi vous la rappeler d'un mot. A l'une des réunions mensuelles de la Société de l'École que présidait, il y a plusieurs années, l'un de nos plus distingués confrères, M. Charles Tranchant, on trouva dans la correspondance une lettre dont le signataire sollicitait quelque secours. Le fait ne s'étant pas présenté encore, on fut embarrassé. L'un des membres présents proposa alors de nommer une commission qui aviserait aux moyens d'instituer une caisse de secours pour satisfaire, à l'avenir, à de semblables demandes. Celui de nos confrères à qui l'on doit cette utile proposition est le même que vous saluez en ce moment de vos félicitations, M. Léopold Delisle. C'est de là, c'est de ce simple incident qu'est née notre Société de secours, dont M. Tranchant a fixé les premiers statuts. Dès l'année de sa fondation, elle comptait un peu plus de cent souscripteurs. Elle en compte aujourd'hui deux cent quatorze. Ce n'est pas assez, si l'on considère qu'à cette heure il y a environ trois cent cinquante anciens élèves sortis de l'École des chartes. Il faut, Messieurs, il faut que tous ceux qui ont eu l'honneur d'appartenir à notre École entrent dans notre Société de secours. Dites-le autour de vous, faites-le savoir à vos amis absents; et, si même, dans cette assemblée, il en est quelques-uns dont l'adhésion nous manque, qu'ils viennent, qu'ils nous donnent cette adhésion; je le leur demande au nom des infortunes que nous avons encore à soulager. Unis par la science, montrons que nous avons aussi la bonté, qui honore et embellit la science. J'ai terminé, Messieurs. Mais, en terminant, je crois de mon devoir d'adresser des remerciements et de porter un toast à tous ceux qui, avec MM. Tranchant et Léopold

Delisle, ont contribué à fonder notre Société de secours, à tous ceux qui, par leur active coopération, ont aidé à son développement, à tous ceux enfin qui, en nous apportant leur obole, ont donné la preuve de leur bon cœur et de leurs sentiments fraternels. »

Une pièce de vers, inspirée par la circonstance à notre confrère M. Léon Gautier, avait été imprimée en une élégante plaquette et distribuée aux convives. M. Guignard, de l'École des chartes de Paris et de l'ancienne École des chartes de Dijon, s'était rappelé à ses confrères par l'envoi d'un sonnet.

LISTE DES SOUSCRIPTEURS

ALAUS (Paul).
ALLEMAGNE (Henri D').
ANDRÉ (Édouard).
ANDRÉ (Francisque).
ARBOIS DE JUBAINVILLE (Henri D').
AUBERT (Félix).
AUBERT (Hippolyte).
AUDREN DE KERDREL (Vincent).
AUVRAY (Lucien).
BAILLET (Auguste).
BARBAUD (Gabriel).
BARBIER DE LA SERRE (Roger).
BARROUX (Marius).
BARTHÉLEMY (Anatole DE).
BATAILLARD (Paul).
BAUDON DE MONY (Charles).
BEAUCORPS (Maxime DE).
BEAUREPAIRE (Charles DE ROBIL-
LARD DE).

BÉMONT (Charles).
BERGER (Élie).
BERTHELÉ (Joseph).
BERTRAND DE BROUSSILLON (Arthur).
BLANCARD (Louis).
BOCA (Louis).
BONNARDOT (François).
BONNASSIEUX (Pierre).
BOREL (Frédéric).
BOUCHOT (Henri).
BOURBON (Georges).
BOURMONT (le comte Amédée DE).
BOURNON (Fernand).
BRIÈLE (Léon).
BRUEL (Alexandre).
BRUTAILS (Auguste).
CAGÉ (Charles).
CALMETTES (Fernand).

Campardon (Émile).
Casati (Charles).
Castan (Auguste).
Cerise (le baron Guillaume).
Charavay (Étienne).
Chassaing (Augustin).
Chatel (Eugène).
Chevreux (Paul).
Clédat (Léon).
Coppinger (Emmanuel).
Corda (Augustin).
Coüard-Luys (Émile).
Coudero (Camille).
Courajod (Louis).
Couraye du Parc (Joseph).
Cucheval-Clarigny (Athanase).
Curzon (Henri Parent de).
Dareste de la Chavanne (Rodolphe).
Delaborde (Henri-François).
Delachenal (Roland).
Delaville Le Roulx (Joseph).
Deloye (Augustin).
Demaison (Louis).
Demante (Gabriel).
Deprez (Michel).
Desjardins (Gustave).
Digard (Georges).
Dubois-Guchan (Gaston).
Dufour (Théophile).
Dufourmantelle (Charles).
Dufresne de Saint-Léon (Arthur).
Dunoyer de Segonzac (Jacques).
Durand (Georges).
Durrieu (Paul).
Duval (Louis).
Eckel (Auguste).
Enlart (Camille).
Estienne (Charles).
Fagniez (Gustave).
Favre (Camille).
Finot (Jules).
Finot (Louis).
Flamare (L.-H.-Adam de).
Flammermont (Jules).
Fleury (Paul de).

Flourac (Léon).
Fontenay (Harold de).
Fournier (Marcel).
Fournier (Paul).
François Saint-Maur (Eustache-Maur).
Fréminville (Joseph Delacroix de).
Fréville (de).
Funck-Brentano (Frantz).
Furgeot (Henri).
Gaillard (Henri).
Gauthier (Jules).
Gautier (Edouard).
Gautier (Léon).
Gerbaux (Fernand).
Giraudin (l'abbé Auguste).
Giry (Arthur).
Gossin (Léon).
Grand (Daniel).
Grandjean (Charles).
Grandmaison (Charles Loizeau de).
Grandmaison (Louis Loizeau de).
Gréa (l'abbé Adrien).
Guérin (Paul).
Guiffrey (Jules).
Guignard (Philippe).
Guigue (Georges).
Guilhiermoz (Paul).
Hanotaux (Gabriel).
Havet (Julien).
Helleu (Joseph).
Herbet (Félix).
Héron de Villefosse (Antoine).
Héron de Villefosse (Étienne).
Hervieu (Henri).
Himly (Auguste).
Huet (Gédéon).
Isnard (Albert).
Jacqueton (Gilbert).
Jarry (Eugène).
Jouon des Longrais (Frédéric).
Kohler (Charles).
Laborde (le marquis Joseph de).
Laborde (Théodore).
La Borderie (Arthur Lemoyne de).

Lair (Jules).
Lalanne (Ludovic).
Lamothe (Alexandre Bessot de).
Langlois (Charles).
Langlois (Ernest).
La Rochebrochard (Henri Bro-
chard de).
Lasteyrie (le comte Robert de).
Lazard (Lucien).
Legaron (Frédéric).
Lecestre (Léon).
Lecoy de la Marche (Albert).
Ledos (Gabriel).
Lefèvre-Pontalis (Eugène).
Lefèvre-Pontalis (Germain).
Lefoullon (Anatole).
Lefranc (Abel).
Le Grand (Léon).
Lelong (Eugène).
Lemonnier (Henri).
Lempereur (Louis).
Léonardon (Henri).
L'Épinois (Henri de Buchère de).
Lespinasse (René de).
Levavasseur (Achille).
Loriquet (Henri).
Loth (Arthur).
Luce (Siméon).
Maître (Léon).
Mandrot (Bernard de).
Manneville (Henri de).
Marsy (le comte Arthur de).
Martin (Henri).
Marty Laveaux (Charles).
Mas Latrie (Louis de).
Mas Latrie (René de).
Maulde (René de).
Merlet (Lucien).
Meyer (Paul).
Molard (François).
Molinier (Auguste).
Molinier (Émile).
Montaiglon (Anatole de Courde
de).
Moranvillé (Henri).
Morel Fatio (Alfred).

Mortet (Charles).
Neuville (Didier).
Normand (Jacques).
Omont (Henri).
Paillard (Alphonse).
Pajot (Léon).
Paradis (l'abbé Auguste).
Parfouru (Alfred-Paul).
Paris (Gaston).
Pasquier (Félix).
Passy (Louis).
Pelicier (Jules).
Périn (Jules).
Perret (Michel).
Picard (Auguste).
Pontmartin (Henri de).
Port (Célestin).
Pougin (Paul).
Prost (Bernard).
Prou (Maurice).
Prudhomme (Auguste).
Raguenet (Octave).
Raynaud (Gaston).
Rébouis (Hippolyte).
Rendu (Armand).
Reynaud (Félix).
Richard (Alfred).
Richard (Jules-Marie).
Richeré (Raymond).
Richou (Gabriel).
Rivain (Camille).
Robert (Ulysse).
Rocquain (Félix).
Romanet de Beaune (Olivier de).
Roy (Jules).
Rozière (Eugène de).
Saige (Gustave).
Senneville (G. Denis de).
Sepet (Marius).
Servois (Gustave).
Souchon (Joseph).
Soullié (Louis).
Soury (Jules).
Spont (Alfred).
Stein (Henri).
Tardieu (Amédée).

Tardif (Adolphe).
Tardif (Joseph).
Teilhard (Emmanuel).
Terrat (Barthélemy).
Teulet (Raymond).
Tholin (Georges).
Tranchant (Charles).
Travers (Émile).
Tuetey (Alexandre).

Vaesen (Joseph).
Valois (Noël).
Vayssière (Auguste-Louis).
Vétault (Alphonse).
Veyrier du Muraud (l'abbé Paul).
Viard (Jules).
Viollet (Paul).
Virey (Jean).
Welvert (Eugène).

Imprimerie DAUPELEY-GOUVERNEUR, à Nogent-le-Rotrou.